Eckart Vogel

StundenStücke

Musizieren in der Klasse mit kleinen Spielstücken

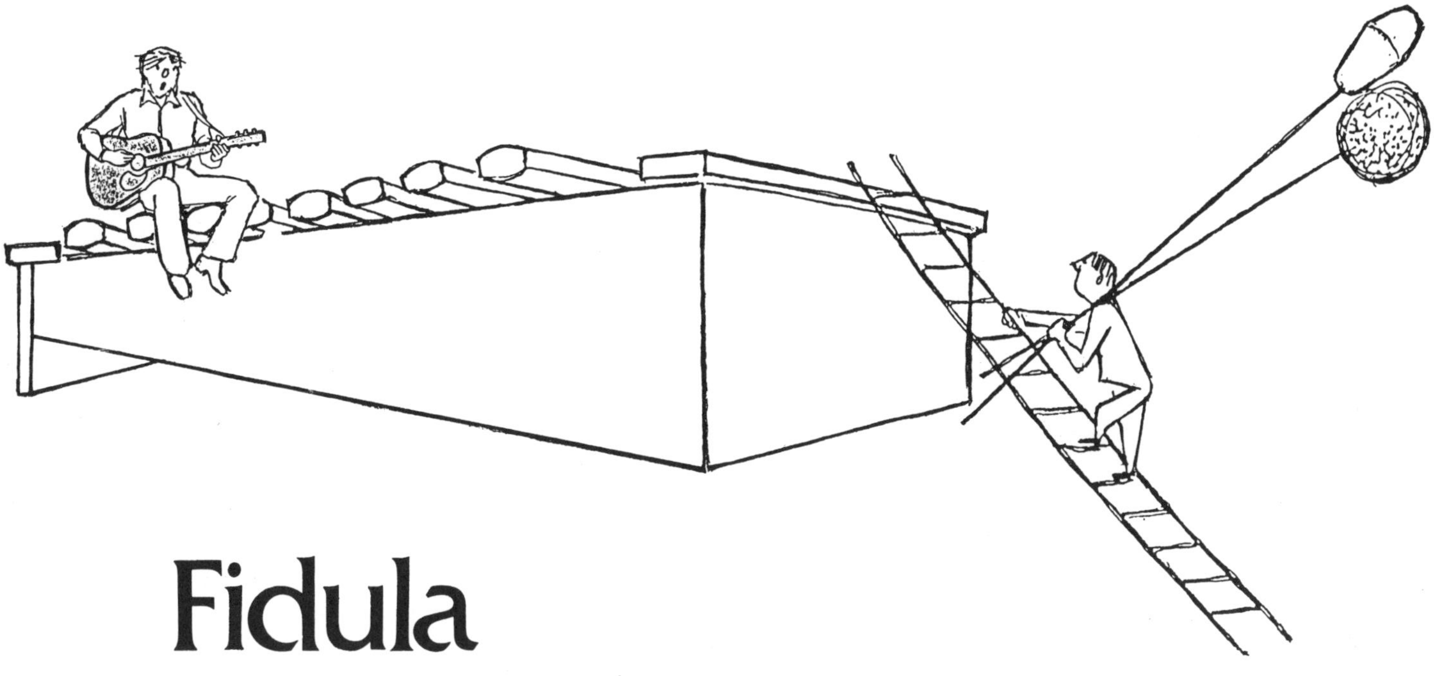

Fidula

Inhalt

Notensatz: Nikolaus Veeser

Fidula-Verlag
Postfach
D-56154 Boppard/Rhein
Tel. 06742-2488 • Fax 06742-2661

Best.-Nr. **180**

ISBN 3-87226-**180**-0
ISMN M-2003-**0180**-9

Ein Viertakter vorweg

1. Die vorliegende Sammlung kleiner Musizierstücke ist vor allem für den Einsatz im allgemeinbildenden Musikunterricht bestimmt. Da die Stücke sehr kurz sind, eignen sie sich weniger für Aufführungen. Sie sind so einfach gefaßt, daß sie in der Regel in einer Musikstunde zu bewältigen sind. Die pädagogische Absicht ist es, ein kleines abgeschlossenes Musikstück mit wenig Aufwand einzustudieren, also unter Berücksichtigung der oft sehr geringen Vorkenntnisse der Schüler(innen).
Trotz der Kürze (4 - 8 Takte) hat jedes Stück seine musikalische Besonderheit, z. B. Akkordfolgen, Rhythmik oder Formverläufe aus der Barockzeit, aus der spanischen und südamerikanischen Volksmusik, aus dem Jazz oder aus der Rockmusik.

2. Die Instrumente sind frei wählbar. Man wird aber im Normalfall mehrere „Orff-Instrumente" zur Verfügung haben, dazu Baßstäbe (oder E-Baß oder Klavierbaß) und einige Schlaginstrumente. Bei vielen Stücken kann auch ein Drumset eingesetzt werden, das man dann arbeitsteilig spielt. Dazu später mehr.
Selbstverständlich können auch Blockflöten, Saxophone, Keyboards, E-Gitarre, Kontrabaß oder Klavier eingesetzt werden. Wer eines dieser Instrumente richtig beherrscht, wird allerdings unterfordert sein: denn alle Stimmen dieser Stücke sind für Nicht-Musiker spielbar.

3. Die Stücke wurden geschrieben für die Sekundarstufe I, also die Klassen 5-10. Musikalisch und pädagogisch erfahrene Lehrer/innen können selbstverständlich viele Stücke schon in der Grundschule einsetzen. Zahlreiche Erfahrungen in der Lehrerfortbildung zeigen, wie wichtig diese Stücke auch für die Sekundarstufe II und in der Erwachsenenbildung sein können. Gerade der Bereich der Improvisation kann in allen Lerngruppen zu wichtigen neuen Erfahrungen führen.

4. Die Kommentare zu den Stücken sind Ideensammlungen, pädagogische Hinweise und methodische Vorschläge, die sich aus dem Musizieren der „Stundenstücke" im Musikunterricht ergeben haben. Sie sind deshalb sehr unterschiedlich ausgefallen. Manche Information (z.B. zur Jazz-Satzlehre) kann nur kurz und auf die vorliegenden Stücke bezogen dargestellt werden. Die ersten Kommentare enthalten z.T. grundsätzliche Überlegungen, die für später folgende Stücke ebenso gelten, aber nicht wiederholt zu werden brauchen. Deshalb werden die Kommentare im Laufe der Sammlung etwas kürzer. Was den Stil anbetrifft, wurde die knappe, z. T. emotionale Sprache der urprünglichen Notizen nach Möglichkeit beibehalten.

1. Zum Ersten ...

Geeignet für absolute Neueinsteiger ins Klassenmusizieren: Sowohl für Lehrer als auch für Schüler.
Das Stück ist rhythmisch fast problemfrei. Die Rhythmen kommen in hunderten von Liedern, z. B. schon in „Hänschen klein", vor. Das Schlußmotiv besteht aus den Grundtönen von Dominante und Tonika. Es ist der authentische Schluß in seiner reinsten Form. Und weil das etwas so Elementares ist, kommt das Motiv genau so in vielen Liedern vor, z. B. als Schluß von „Alle meine Entchen".

Ist das Musikstück zu einfach?
Für Anfänger auf dem Stabspiel nicht.

Vorschlag für den Verlauf einer Spieleinheit:

1) Instrumente verteilen, je ein Instrument für zwei Schüler, diatonische Stabspiele (hier Xylophone, Metallophone, Glockenspiele)
2) Wer links sitzt (Gruppe L) beginnt.
Der Lehrer läßt c-e-g von jedem Schüler auf dem Instrument zeigen und dann spielen.
Die Banknachbarn passen genau auf und spielen anschließend.
3) a-f-d wird gezeigt, dann gespielt, diesmal zuerst Gruppe R, also die rechts Sitzenden.
Erster Teil und zweiter Teil zusammengesetzt: c-e-g-a-f-d
4) Gruppenwechsel, Gruppe L ist dran mit Aufgabe 3
5) Gruppe L übt g-g-g-g-c, dann ganzes Stück.
(Vielleicht zuerst 1-2 Durchgänge mit den Schlägelgriffen gespielt.)
Der Lehrer kann jetzt am Klavier den Baß dazu spielen c-d-g-c (oder die Akkorde, siehe Notenbeispiel).
6) Wechsel: Gruppe R das ganze Stück
7) Artistische Variante: Direkt nachdem Gruppe L gespielt hat, wiederholt Gruppe R, dann wieder L.
Die Schlägel werden blitzschnell ausgetauscht.
Normalerweise entsteht hier Stimmung...
8) Solistische Variante: Der Lehrer fragt, wer's mal alleine spielen will, jeder Solist bekommt eine Nummer. Der Lehrer begleitet und ruft die Nummern auf.
Die Solisten spielen je 1x direkt hintereinander.

9) Sambavariante: Der Lehrer begleitet auf Samba-Art, die Schüler spielen wie gehabt. (Einige werden anfangen zu tanzen!)

10) Pünktlich schließen, damit das erste Aufräumen in Ruhe und mit Lerneffekt für die Zukunft stattfinden kann...

Zurück zur Ausgangsfrage: Ist das Musikstück zu einfach?
Man kann beim Musizieren dieses Stückes

- lernen, im Metrum zu musizieren,
- lernen, beim Spielen auf die anderen zu hören,
- die II-V-I-Kadenz kennenlernen,
- 2 rhythmische Motive unterscheiden lernen,
- üben, Töne zu treffen (also rein motorisch; behaupte keiner, daß das alle Schüler können!),
- Motiv und sequenzierte Umkehrung kennenlernen,
- Tonbausteine aus anderen Liedern wiedererkennen lernen,
- zweistimmig hören lernen (Melodie + Baß),
- Hemmungen abbauen: denn das Musikstück kann wirklich (fast!) jeder spielen,
- ein einfaches Arrangement kennenlernen,
- sich trauen, etwas alleine vorzuspielen,

  und, und, und...

Wem es musikalisch zu simpel ist, der mag ganz oder teilweise auf die folgende Version zurückgreifen:

"extended version ... "

2. Phrygischer Frohsinn

So einfach das Stück auf den ersten Blick aussieht: Es gibt Fünftklässler, die den Rhythmus lang-kurz-kurz (𝅗𝅥 ♩ ♩) nicht spielen können.
Was kann man tun?
Erst einmal wahrnehmen und akzeptieren, daß es so ist. Und dann alle Schlägel beiseite legen und die verschiedenen Rhythmen in den jeweiligen Gruppen klatschen lassen. Erste Stimme allein, dann zweite Stimme allein, dann beide zusammen. Und erst wenn das ganz sicher klappt, klatscht die 3. Stimme ihren Rhythmus, also den 4/4-Beat dazu.
Dann geht's an die Instrumente. Während eine Stimme übt (immer mit mehrfachen Wiederholungen üben!), kommt eine andere Stimme dazu. Besonders die Klatsch-Stimme (Clap) kann immer mal dazugenommen werden.

Harmonik: ostinat E-Dur im Wechsel mit F-Dur, die Quintparallelen (3. Stimme und Baß) dürfen als Stilmerkmal der vom Flamenco beeinflußten Musik gelten.
Auch die Begleitung durch Klatschen, im Flamenco heißt das „Palmas", ist typisch für den „Tangos" aus Andalusien. (Mit dem argentinischen Tango hat der Rhythmus nur den 4/4-Takt gemeinsam.)

Die Melodie hatte im ersten Entwurf eine etwas andere Gestalt, wer gute Musiker in der Klasse hat, sollte diese Version spielen:

Zur Wahl der Instrumente: Die „Flöten"-Stimme kann durch ein Keyboard ersetzt werden. Nicht so gut wäre der Einsatz eines Metallophons wegen des zu langen Ausklingens: Der Übergang von Takt 2 zu Takt 3, also f-e, wird nur schön, wenn das f wirklich nur eine Viertelnote Länge hat. Und den Ton abstoppen zu lassen ist schwierig für Anfänger (die wir ja in dieser Phase des Kurses noch vor uns haben). Wenn die 3. Stimme mit Metallophonen gespielt werden soll, dann natürlich mit langen Notenwerten (Halbe oder sogar Ganze)!

3. Napoli

Der neapolitanische Sextakkord (Takt 2) hat seinen besonderen Reiz. Nach dieser Musizierstunde vergißt man ihn jedenfalls nicht wieder (Mollsubdominante mit kleiner Sext statt Quint).

Probleme kann es mit einem rhythmisierten Baß geben, wie er unten alternativ abgedruckt ist. Dieser typische Baß-Rhythmus vieler Tanzmusiknummern und vieler Western-Songs ist gar nicht so leicht zu spielen, und er ist nicht leicht zu erhören, wenn man selber 4 Viertel zu spielen hat. Deshalb sollte er einer fortgeschritteneren Musiziergruppe vorbehalten bleiben.

Die Bongo-Stimme muß vorher geübt werden. Am besten sollte sie maximal mf gespielt werden. Bongos klingen schöner, wenn man sie nicht mit den ganzen Händen, sondern mit einzelnen Fingern spielt.

Die 2. Stimme ist sehr gut zum Training des beidhändigen Spiels geeignet: Sowohl Links- als auch Rechtshänder werden beidseitig gefordert und gefördert.

alternative Baßstimme:

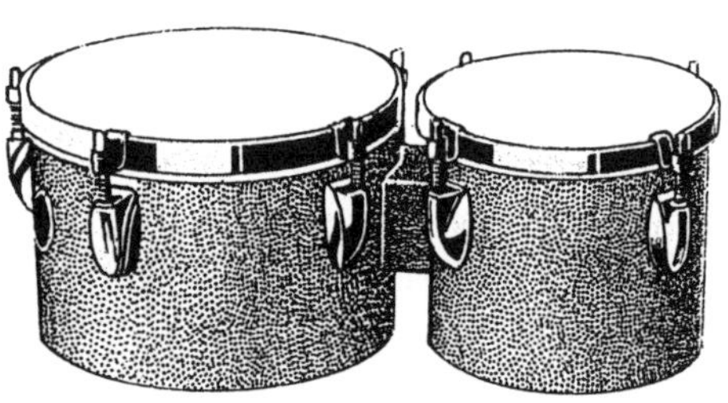

4. Come and get it

„Come and get it" könnte man den ersten Tönen der Melodie als Text unterlegen, was den rockigen Grundcharakter betont.

Rockmusik, das ist vor allem Rhythmus. Deshalb zuerst etwas zum „Groove" des Stücks: Das Drumset ist hier unentbehrlich! 3 Teile des Schlagzeugs genügen:

1 Becken (notiert als x auf der 5. Linie)
1 Bass Drum (notiert unter der ersten Linie)
1 Snare Drum (notiert auf der Mittellinie)

Das Drumset ist das Kernstück rhythmusbezogener Ensemblearbeit.Wenn Sie noch keines haben, besorgen Sie eines! Für ca. 2.000,- bis 3.000,- DM bekommt man ein gutes, robustes Set. Gemessen daran, was z. B. Sportgeräte kosten, ist der Preis relativ bescheiden.

Selten gibt es einen ausgebildeten Drummer in den unteren Schulklassen. Deshalb besser arbeitsteilig arbeiten:

1. Spieler - nur Becken (Achtel)
2. Spieler - Bass Drum und Snare Drum (kleine Trommel!), spielt abwechselnd „Fuß" und „Hand"
   Um ein späteres solistisches Drumsetspiel vorzubereiten, sollte der rechte Fuß die Bass-Drum spielen, die linke Hand die Trommel.

Die Schlagzeugnotation ist am Schlagzeugschlüssel zu erkennen. Alle Schlagzeugeffekte und -rhythmen passen tatsächlich in eine einfache Notenzeile.

Harmonisch ist das Stück recht einfach, die Melodie kommt mit einigen Tönen einer pentatonischen Leiter aus. Beide Merkmale sind nicht untypisch für Rockmusik.

Auch dieses Stück ist nicht so einfach, wie es den Anschein hat, man probiere es aus. Der unten notierte Baßrhythmus, den eine 8. Klasse problemlos musizierte, wurde in einer 5. Klasse nicht bewältigt. Dieser Rhythmus ist tatsächlich für viele Schüler schwierig, da sie nicht die durchlaufenden Achtel fühlen.

5. Slow motion

„Slow Motion" klingt besser als „langsam bewegt" und weist bereits auf ein ruhiges Tempo hin. Das Stück ist sehr einfach, Ausnahme ist wieder der Baß-Rhythmus, der gegenüber dem Melodierhythmus sehr eigenständig ist. Das Stück klingt aber mit einem rhythmisch vereinfachten Baß (nur Halbe) auch gut.

„Chimes" (oder Bar Chimes) sind die goldenen Metallstäbe, die manche Schlagzeuger in Reichweite aufgehängt haben, die sehr teuer sind, aber dafür auch optisch und akustisch „glitzern". Ein nicht zu lauter Beckenschlag oder Gongschlag kann dieses Instrument ersetzen.
Dahinter steht die Idee, daß jedes noch so kleine Musikstück etwas Besonderes haben sollte. Die „unendliche Vielfalt der Musik" (Bernstein) darf ab und zu auch für musikalische Laien sichtbar werden. Denn eine besondere Tonart (mixolydisch) ist für Schüler nicht so auffällig wie die Verwendung eines besonderen Rhythmusinstrumentes.

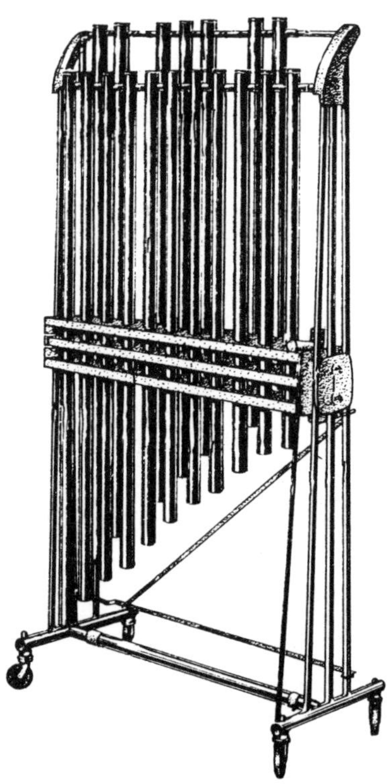

6. Mini-Fandango

Der Fandango ist eigentlich ein ernstzunehmender Tanz des Flamenco, der mit Folklore überhaupt nichts zu tun hat. In seiner etwas „leichteren" Variante , dem „Fandanguillo" (= kleiner Fandango) wird dieser aus der andalusischen Provinz Huelva stammende Tanz gerne auf Dorffesten gesungen, gespielt und getanzt. Hier kommen übrigens auch die Kastagnetten zum Einsatz, was bei den meisten Flamencotänzen durchaus nicht der Fall ist.

Wer sich mit dem Gitarrenspiel und Tanz des Flamenco beschäftigt, weiß um die besondere Art des Taktzählens, die häufig bei „12" beginnt und bei „10" endet. Dieses Hindernis ist im vorliegenden Notentext beseitigt.

Besonderheiten:

- Die durchgehende Baßlinie, die den „Fandango" ausmacht.
- Der immerwährende Wechsel A-moll und E-Dur (übrigens von zwei Nichtgitarristen leicht auf der Gitarre spielbar).
- Das Verhältnis der Melodie zur Baßlinie (6/8 zu 3/4).

Keinesfalls sollte hier gleichzeitig, womöglich noch in Achtelschritten und laut bis 3 gezählt, vertikal musiziert werden.
Es empfiehlt sich, zuerst die Baßlinie zu üben, dann die Akkordstimme. Die Melodie alleine üben (3/8-Figuren). Dann zusammen spielen und beim oftmaligen Wiederholen auf die anderen Stimmen hören lassen.

Die beiden Gitarrengriffe, evtl. auf 2 Gitarren verteilt:

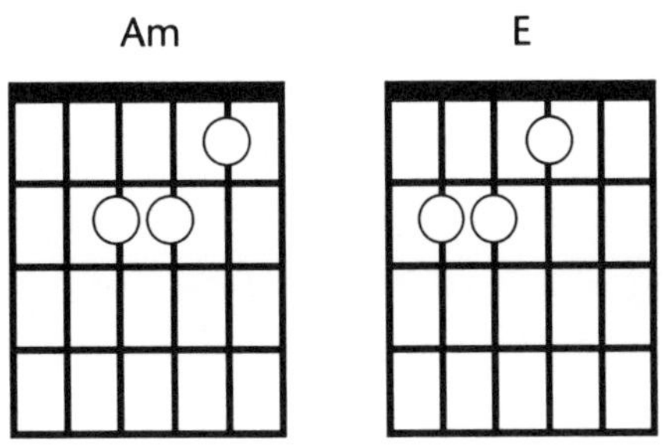

♩ = 104

7. Melodie für die 5a

Natürlich war das Stück einstmals für eine 5a geschrieben worden, eine Klasse, die sich sehr an lateinamerikanischer Rhythmik erfreuen konnte (Takt 1 und Guiro-Einsatz). Die „abgerissen" wirkenden Motive der Takte 2 und 4 wären auch in Rock- oder Jazzmusik denkbar.

Der Baß und die Akkordfolge kommen in zahlreichen populären Musikstücken vor, besonders in denen der 50er Jahre. Und aufgrund des großen Bekanntheitsgrades dieser Kadenz kann man sehr gut darüber improvisieren, man probiere es aus...

Guiro, Gurke, Guero, Haifisch sind verschiedene Namen für den gleichen geriffelten Holz-Hohlkörper, über den man mit dem Scrapper kratzt. Am besten doppelt besetzen, der selbständige Rhythmus ist für einen Spieler allein schwer durchzuhalten.

Für die Schulung einer Parallelbewegung können die beiden ersten Stimmen auch gemeinsam von einer Person gespielt werden:

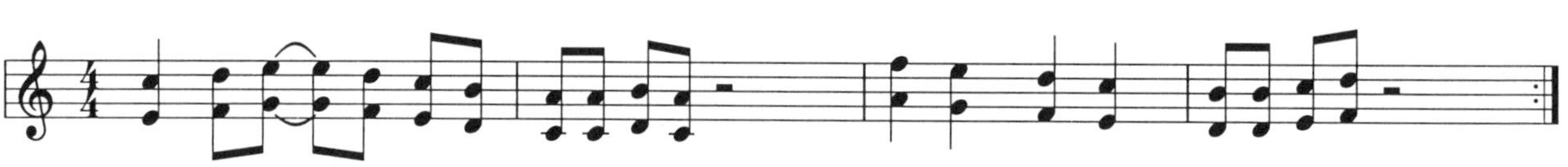

8. Four Changes

„Changes" ist der Fachausdruck der Popmusiker für Akkordwechsel.
Die vorliegenden „Changes" klingen jazzig, es handelt sich um Akkorde, die durch Terzenschichtung zustandekommen.

Die Melodik ist einfach: Ein immer gleiches Motiv, das sequenziert wird. Schwieriger sind die Anfangstöne: Beim Einstudieren darauf achten.

Die Akkordbegleitung (Gitarre ad libitum) ist wieder reduziert: Grundtöne fallen weg (denn die sind im Baß), Quinten fallen meistens weg (dann wird der Satz durchsichtiger). Die Klänge müssen sehr sauber sein!

Für die Akkordstimme müssen einfache diatonische Stabspiele präpariert werden: c herausnehmen, dafür h und b einbauen.

Der Schluß des Stückes liegt auf der Fermate.
Die Drumsetstimme ist ersetzbar durch jeden anderen Rock-Beat.

9. Ruf und Antwort

Der Name des Stückes spielt an auf die Korrespondenz der beiden Melodiestimmen: Achtel- und Viertelnoten ergänzen sich, so daß durchgehend Achtel zu hören sind (bis auf das letzte Viertel).

Kirchentonarten haben schon immer die Melodik der Popmusik stark beeinflußt. Das liegt vermutlich an der Stimmung der Gitarre. Denn Modales ist sehr „gitarrenfreundlich", also leicht spielbar. Die Akkordverbindung A-moll und G-Dur findet man daher häufig in der populären Musik.
Wichtig: Den Schlußtakt in allen Stimmen üben, denn er weicht von den Sequenzen der anderen Takte ab.

Für Schüler sind Sequenzierungen kleiner Motive leicht zu spielen, leicht zu hören und als melodiebildende Elemente leicht zu verstehen. Abgesehen davon, lernen die Schüler, aus der Bewegung heraus zu spielen, was ja jeder Musiker anstrebt. Freie Energie kann sich dann auf die Gestaltung richten.

Maracas (deutsche Tanzmusiker sagen „Rumbakugeln") sind schwer zu spielen und müssen daher für Schüler attraktiv eingeführt werden, z. B. spielerisch im Stuhlkreis. Ideal ist die Klangerzeugung, wenn die Füllung nicht rollt, sondern zunächst unten in der Maraca, später auch oben anschlägt. Das erfordert große Geschicklichkeit und viel Übung! Natürlich kann man auch zufrieden sein, wenn die Instrumente nach Art der Babyrassel einfach nur geschüttelt werden.

10. Cadiz

Der Name der südspanischen Stadt zeigt die Verbindung zu anderen Stücken dieser Sammlung auf (siehe Nr. 13 und 16), die auf dem gleichen - speziell in Andalusien sehr bekannten - Akkordschema beruht: Am G F E, der sogenannten andalusischen Kadenz.

Diese Kadenz wird von den Gitarristen des Flamenco oft durch Rückung eines Gitarrengriffs über verschiedene Bünde des Griffbretts dargestellt. Die entstehenden Quinten- und Oktavparallelen dürfen daher als Stilmerkmal gelten. Der Flamencogitarrist variiert diese Akkordfolgen nach Möglichkeit, so daß eine stereotype Wiederholung der 4 Akkorde, wie wir sie in der Schule aus pädagogischen Gründen spielen, dort kaum anzutreffen ist.

Die 2. Stimme benötigt gis.

Anders als bei einigen anderen 2-stimmigen Stücken sind hier die Stimmen rhythmisch relativ selbständig.

Daß die Akkordfolge von manchem Zentraleuropäer als sentimental empfunden wird, ist nichts Neues: In der Renaissance- und Barockzeit sprach man sogar von der „Lamentokadenz“. Diese wurde an besonders emotionalen Stellen gezielt eingesetzt. (Man höre daraufhin einmal Monteverdis „Marienvesper“ an.)

11. Jazz & Latin

Jazz und Latin sind die beiden Musikstile, die hier zusammenkommen: Die Akkorde sind Jazzakkorde, der Rhythmus der Melodie und der Percussioninstrumente ist eher im Latinstil gehalten: Also gerade Achtel (kein Swing!).

Diatonische Metallophone müssen präpariert werden (h und b). Die Akkordbegleitung ist wieder extrem reduziert (wie im Jazz üblich), es finden sich weder Grundtonverdopplungen (zum Baß) noch Quinten.

Der Baß sollte auf einem E-Baß gespielt werden. Erstens wegen des Klanges, zweitens weil sowieso kaum eine Schule Baßstäbe „cis" hat. Wer weder E-Baß noch die benötigten Baßstäbe hat, kann das Klavier benutzen. (Vielleicht sogar in Oktaven spielen und ausprobieren, in welcher tiefen Lage es am besten klingt.)

Der Bongo-Rhythmus ist einfach zu spielen, sogar wenn die afrikanische Hand-to-Hand-Technik benutzt wird (das heißt, man spielt immer abwechselnd rechte und linke Hand, eventuelle Pausen werden durch fast-stumme Zählschläge gespielt.)

Der Drumset-Beat ist ein normaler Rock-Beat, er kann wieder vereinfacht werden (z. B. wie bei Nr. 4). Der hier vorgeschlagene Beat ist anspruchsvoller und besser. Wieder können zwei Spieler sich die Stimme teilen (siehe Nr. 4).

Die eigentliche Melodiestimme (Glockenspiel und/oder Xylophon) ist recht einfach, da dreiklangsbezogen.

12. Fünfton

Der Titel bezieht sich auf den Tonvorrat: Statt die schwarzen Klaviertasten als Fünftonleiter zu benutzen, kann man die diatonische Leiter in C präparieren, z. B. durch Herausnehmen oder, besser noch, durch Markieren der Töne f und h mit Aufklebern.
Wir haben im vorliegenden Musizierstück eine pentatonische Melodie zu einem „Wechselbaß" (Pendelbaß), wie er in diversen populären Musikstücken anzutreffen ist (nicht nur bei Gustav Mahlers „Frère-Jacques"-Adaptation in der 1. Symphonie).

Minimalbesetzung sind also Melodie und Baß, alles andere ist Begleitung.

Improvisieren kann man auf den Tönen der C-Dur-Leiter ohne f und h mit Zentralton C oder A, vielleicht auch mal mit allen Stammtönen. Rhythmen könnte man vorgeben, z. B. den zweitaktigen Rhythmus der Melodie, der sich wiederholt.

Der Triangel spielt abwechselnd klingend und gedämpft.

Die Bar Chimes (siehe Nr. 5) können wieder durch einen Beckenschlag ersetzt werden.

13. Rumba Córdoba

Eine spanische Rumba, die nicht mit der oft üblichen Tanzstunden-Rumba zu verwechseln ist, was sich vor allem beim Tempo zeigt.
Es handelt sich wieder um eine andalusische Kadenz, so daß eine Improvisation in Sequenzen sich förmlich anbietet.

Die 2. Stimme klingt auch alleine gut, die Mindestbesetzung besteht wieder einmal aus Baß und Melodie. Der Baß darf rhythmisch vereinfacht werden, z. B. 2 Halbe oder 4 Viertel.

Falls man sich für den vorliegenden Baßrhythmus entscheidet, kann man vorher üben, die Rhythmen von Melodie und Baß „gegeneinander" zu klatschen.

14. Mini Reggae

Die ungewöhnliche Baßfigur mit Pause auf der Eins und der Beat des Drumset lassen den Reggae-Groove erkennen.

Die Melodie ist ganz rockig-modal, c und f können als „Blue notes" aufgefaßt werden. Der Baß ist der leichteren Lesbarkeit wegen ohne generelle Vorzeichen notiert. Er kann zur Not auf die Grundtöne vereinfacht werden.

Drumset wieder von zwei Spielern spielen lassen:
1. Spieler: Becken
2. Spieler: Bass-Drum und Snare Drum (siehe auch Nr. 4)

15. Down to earth

♩ = 118

„Down to earth" ist jemand, der mit beiden Beinen fest auf dem Boden steht. In diesem Stück kommt Bodenständiges und Elementares vor: Der sich ostinat wiederholende Baßrhythmus, die Begleitung mit Sextakkorden (in der Terminologie der Popmusik! Nicht etwa „Terz im Baß"), der Begleitrhythmus (reggae-bezogen), die Melodiestruktur und der Tonvorrat.
Also ein Stück, das mehrere Elemente der Rockmusik in sich vereinigt. Harmoniewechsel finden nicht statt, wenn man von der Quint-Sext-Begleitung absieht.

Die Melodie kann man besser mit zwei Schlägeln spielen.

Üben: Alle klatschen zuerst den Rhythmus der 2. Stimme. Dann wird dieser Rhythmus später wiedererkannt und mitgehört. Es handelt sich um einen der gängigsten Rockrhythmen!

Der Baß übt dann seine Stimme zum Klatschen der übrigen Musiker.

Bei der Einstudierung kann es hilfreich sein, zuerst nur die ersten beiden Takte als „Schleife" zu spielen. Dann ergibt sich der zweite Teil fast von alleine.

In der Melodie kommt nur b, nicht aber h vor.

Der Drumbeat kann durch einen anderen Rockbeat ersetzt werden.

Eine Idee am Rande: Wenn alle alles können, sollen Freiwillige einmal ihre Stimme solistisch spielen, z. B. zur Rhythmusgruppe. Das bereitet auf eine eventuelle spätere Improvisation vor, baut vor allem aber Angst ab.

16. Rumba Málaga

Damit ist nun der nächste zentrale Ort Andalusiens in einem Titel genannt, und wieder (wie bei Nr. 13 und Nr. 10) handelt es sich um eine Flamencokadenz.

Was hat dieses Stück Besonderes zu bieten?
Es ist extrem einfach. Rhythmisch unsichere Schüler können die langsam schwingenden Halben in Baß und Begleitstimme leichter bewältigen als irgendwelche Latin-Rhythmen.

Die Melodie hat in Takt 1 und Takt 3 den gleichen Rhythmus: einen einfachen Synkopenrhythmus, wie er z. B. in den meisten Rumba-Versionen vorkommt und in den (erheblich komplizierteren) Samba-Rhythmen verwendet wird.

Ad libitum sind die Percussioninstrumente gedacht. Als schwierig erweist sich dabei meist ein präzises Maracasspiel (siehe Nr. 9). Ersatzweise kann auch die Cabasa (Kettenrassel) verwendet werden.

Die Congas sollten nach Möglichkeit rlrl lrl oder lrlr rlr gespielt werden, damit sich die Hände nicht überkreuzen.

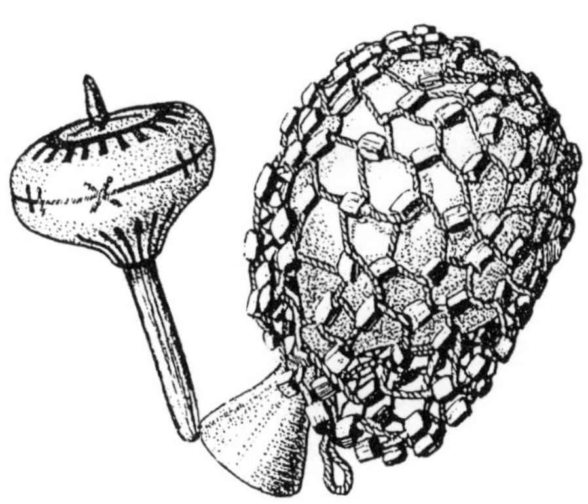

17. Paros

Paros ist eine bei deutschen Urlaubern sehr beliebte Mittelmeerinsel. Auf den griechischen Inseln entstanden zahlreiche Lieder und Tänze im 7/8-Takt, die sogar in deutsche Liederbücher Eingang gefunden haben.

Der 7/8-Takt wird von Mitteleuropäern oft als „hinkend" oder „schleppend" empfunden, weil man ihn als 3/4-Takt auffassen könnte, der eine längere Viertelnote hat.

Normalerweise erschließt sich der besondere Takt (der nach der klassischen Definition eigentlich bereits ein Rhythmus ist!) über die Achtelnoten:
1 2 3 4 5 6 7 I 1 2 3 4 5 6 7 usw. (Betonungen unterstrichen)

Natürlich muß der Lehrer diesen Rhythmus beherrschen, bevor er ihn weitergibt.

Im Stuhlkreis sitzend (und zuerst langsam) werden die Achtelfolgen der 3. Stimme („Begleitung") geübt:
betont = links   unbetont = rechts

Man kann auch kleinere Einheiten zählen: 1 2 3 1 2 1 2, dann wird die „längere Viertelnote" klarer.
Der Rhythmus kann auch durch Tanzen und Singen eines Liedes im 7/8-Takt geübt werden. Ziel ist es natürlich, das „Achtelzählen" schließlich wegzulassen und sich dem eigenartigen Schwingen des 7/8-Taktes zu überlassen.

1. Stimme   Xylophone
2. Stimme   Metallophone oder Glockenspiele
Die 2. Stimme muß leise gespielt werden, um die Reibungen zu entschärfen.

18. Antíparos

Antíparos ist eine kleine Insel, die der Insel Paros (siehe Nr. 17) gegenüberliegt und mit kleinen Fährschiffen erreichbar ist.
Der Titel drängte sich beim Betrachten der Oberstimmenbewegungen auf. Das bewußte Wahrnehmen der Gegenbewegung kann ein schönes Erlebnis sein.

Der Baß darf wieder vereinfacht werden (Akkordbaßtöne). Eine Gitarre spielt ad libitum dazu und kann die Akkordstimme ersetzen.

Vorübungen siehe Nr. 17

19. Montuno 1

Der Montuno ist ein kubanischer Rhythmus. Im vorliegenden Spielstück findet er sich in der Melodiestimme. Innerhalb des zweitaktigen Rhythmus' finden sich nur 2 Töne auf dem „Beat", dagegen 7 Töne auf dem „Offbeat". Der Montuno ist mit dem Sambarhythmus verwandt.

Zum Tempo: sehr langsam üben, dann immer schneller spielen!

Zuerst Baß, dann Baß und Melodie 2: Diese beiden Stimmen spielen den „Beat", also die Viertelnoten. Beide Stimmen können von rhythmisch unerfahrenen Spielern übernommen werden.

Zwischenschritt eventuell: Baß und Melodie 2, dazu 1. Takt der Melodie (folgt 1 Pausentakt für Melodie). Oft als Schleife wiederholen.

Melodie 1 dann ganz (sie ist eigentlich nur zweitaktig, wirkt aber wegen der Melodie 2 viertaktig).

Percussion: Kann entfallen, wäre aber schade.
Der Clave-Rhythmus ist mit der i-kama-simba-Methode leicht zu bewältigen:

- Die Schüler sprechen im Rhythmus

  „i ka - ma sim - ba, i ka - ma sim - ba, …"

- Mit beiden Händen wird jeweils alternierend l-r-l-r… der geübte Rhythmus geklopft.

  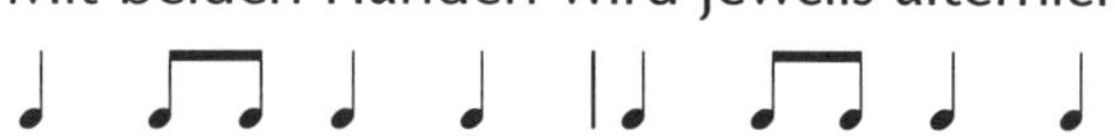

  l r l r l r l r l r

- Eine der beiden Hände bekommt die Holzblocktrommel (oder Clave), die andere schlägt auf „Watte" (oder eine Textilie), so daß man nur den ersten Rhythmus hört:

  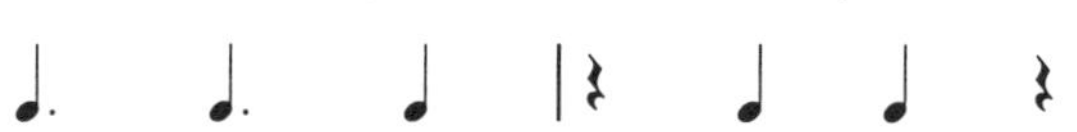

20. Montuno 2

Die andalusische Kadenz, die ja auch in den lateinamerikanischen Ländern bekannt ist, paßt sich hier in den Montunorhythmus ein.

Die Parallelen dürfen als Stilmerkmal gelten und sind außerdem leicht zu spielen.

Die Tonart G-moll mag zuerst überraschen, aber es ist die einzige Molltonart, die mit diatonischen Stabspielen (mit b und fis) zu spielen ist.

Der Montuno liegt im Xylophon, die Blockflöten spielen komplementär zur Melodiestimme.

Percussion siehe Montuno 1 (Nr. 19).

21. Paso Doble

Der Paso Doble ist als „Stierkampfmusik" in allen einschlägigen Genrefilmen zu hören. Es ist ursprünglich der Tanz des Stierkämpfers mit seinem Tuch, der zum Kampf locken soll. Ihn mit Flöten und E-Gitarre zu spielen, ist zumindest ungewöhnlich. Es klingt aber reizvoll, vor allem, wenn die E-Gitarre eine Oktave höher und etwas verzerrt spielt.

Wie immer können auch ganz andere Besetzungen ausprobiert werden. Der Paso Doble liegt in der Xylophon-Stimme, und da er die Grundtöne enthält, stellt diese Stimme zusammen mit der Flötenstimme die Mindestbesetzung dar. Selbstverständlich kann man auch alles mit Stabspielen besetzen, z. B. Glockenspiel statt E-Gitarre, Baßstäbe statt E-Baß o.ä.

Zu den Congas kann man noch weitere Percussioninstrumente hinzufügen (z. B. Maracas oder Kastagnetten).

22. Samba Lütjenburg

Eine ungewöhnliche Namenskombination: Lütjenburg in Schleswig-Holstein ist der Ort, in dem alle diese Spielstücke entstanden sind. Die pädagogische Absicht (äußerste Reduzierung des Materials und der Schwierigkeit) wird verbunden mit dem Versuch, einen wichtigen musikalischen Gedanken darzustellen: Die Samba.

Im vorliegenden Fall ist der Sambarhythmus recht einfach, aber doch erkennbar. Die Melodiestimme spielt ihn. Am besten gleich zweistimmig mit zwei Schlägeln.

Anspruchsvoller wird es wieder, wenn Baß und „Contra"-Stimme dazukommen. Die „Contra"-Spieler haben den Rhythmus von „Auf, du junger Wandersmann". Das Unterlegen rhythmischer Texte ist überhaupt oft hilfreich bei der Einstudierung von Rhythmen.

Die Percussionpartitur kann man reduzieren. Wichtig ist aber immer der Clave-Rhythmus. Statt Vibraslap geht auch ein Beckenschlag.

23. Oye como va

„Oye como va" ist der Titel eines Latin-Rock-Stückes der Gruppe „Santana", bei dem neben einigen abgesprochenen Melodien auch diverse Improvisationen durchgeführt werden.

Durch den Akkordwechsel D-moll nach G-Dur ergibt sich die Möglichkeit einer dorischen Melodieimprovisation (Material: Stammtöne mit Zentralton d).

Die Melodie ist recht einfach: Terzen aufwärts, dann abwärts, leichter geht es kaum. Durch die vorgezogenen Noten entsteht sofort ein Samba-Groove.

Die Guirostimme sollte mit allen geübt werden.

24. Paco

♩ = 152
Melodie 1
Melodie 2
Gitarre
Dm
Dm
Em
Em
Baß
Congas
Maracas
Clave
Melodie 1
Melodie 2
Gitarre
Dm
Dm
E
E
Baß
Congas
Maracas
Clave

Paco ist ein Name, der für alle Flamencogitarristen und -freunde als Inbegriff des neueren Flamencogitarrenspiels (nuevo flamenco) steht. Er steht für den Gitarristen Paco de Lucia. Dieser ist unter anderem mit einer andalusischen Rumba berühmt geworden, in der - neben der schon erwähnten Flamenco-Kadenz - das in „Paco" verwendete Harmonieschema vorkommt.

Die Gitarrenakkorde sind auf das Klavier übertragbar, Puristen können gerne die Oktavparallen durch Umkehrungen vermeiden.

Die Maracas (Rumbakugeln) haben als kleinen Clou alle 2 Takte eine Sechzehntel-Figur. Diese Instrumente müssen sehr präzise gespielt werden und dürfen nicht - wie so oft - unterschätzt werden.

Die Melodie enthält Sequenzen, die recht schnell zu erlernen sind.

Die 2. Melodie spielt Terzparallelen, zum Teil in Gegenbewegungen, verbindet aber vor allem die einzelnen Durchgänge miteinander. Recht elegant klingt der fakultative Bindebogen Takt 6-7: Der Schlußton wirkt vorgezogen und erzeugt einen schönen „Groove".

Wichtig ist wieder die Clave-Figur. Übrigens heißt der Rhythmus auch „Clave-Rhythmus".

Trotz der Länge von 8 Takten ist das Stück (z. B. ab der 8. Klasse) recht schnell einstudiert!

25. Bulería Mallet

Die Bulería ist der wichtigste Zigeunertanz des Flamenco. Mallets sind Stabspiele.

Der Bulería-Rhythmus wird in Spanien auf abenteuerliche Weise gezählt:
12 1 2 3 4 5 6 7 8 9 10 11

Der Rhythmuseffekt stellt sich aber ebensogut ein, wenn man nur die „1" des 1. Taktes betont, so wie es in den Noten gedruckt ist.
Es bleibt schwer genug: Denn was zunächst aussieht wie die bekannte 3:3:2:2:2-Formel (siehe „I like to be in America" aus Bernsteins West Side Story), bekommt durch die ungewöhnlichen Akkordwechsel (Takt 2 und Takt 5; Takt 7 und Takt 10) den typischen Bulería-Charakter.

Harmonisch bleibt alles phrygisch, wenn man von dem Färbeton in der Gitarre absieht: Dort wird nämlich zum F-Dur-Akkord das hohe e' weitergespielt (Takt 2 ff), was dem Akkordsymbol Fmaj7 entspricht.

Auch Laien können hier die Gitarre sehr gut spielen: Man rückt die mit den Fingern gegriffenen Akkordtöne des E-Dur-Akkordes einfach einen Bund höher und hat dann einen typischen Flamencoakkord: F-Dur mit Baßton E und Diskantton e'. (E-Dur siehe Nr. 6).

Die Klatscheffekte sind eventuell Stoff für eine Extrastunde.

26. Sequenzen

Sequenzen sind Wiederholungen von Motiven auf einer anderen Tonhöhe. Sie sind nicht nur leicht zu hören, sondern in diesem Falle auch leicht zu spielen: Sowohl die Melodie als auch die Xylophon-Stimme laufen in Sequenzen. Sie können bereits von recht jungen (Nicht-)Musikern musiziert werden.

Der Drumbeat ist wieder austauschbar, der Baß-Rhythmus auch. Die „Strings" können von Keyboard, Klavier oder Metallophon gespielt werden.

27. Quila

Der Name ist eine Erinnerung an die chilenische Gruppe „Quilapayun“, die das Harmonieschema in einigen ihrer Lieder verwendet hat. Auch andere Gruppen (z. B. Los Incas) aus Südamerika benutzen diese Kadenz, bei der statt der Mollsubdominante die parallele Durtonart gespielt wird.

Im Stuhlkreis vorher üben: Guiro (3/4) gegen Clave-Stimme (eigentlich 6/8), notfalls können die Claves auch nur auf 2 und 3 spielen (dann ist allerdings die zarte Andeutung der Polymetrik dahin).

28. Nur C

Ein Stück Rockmusik, das, wie manche Rocktitel der frühen Jahre, nur einen einzigen Begleitakkord hat, C-Dur, aber dafür schwierige rhythmische Durchgänge in Terzen (Riff in der Orgelstimme) und ein ostinates „Fill" der E-Gitarre (Fill: füllt hier komplementär die Melodiepausen).

Geübt werden muß die vorgezogene „4" der Orgelstimme.

Die E-Gitarre sollte oktaviert werden (notfalls weglassen).

Die Stabspiele müssen präpariert werden: b statt h

29. Walzer

In diesem Falle ein recht langsamer Walzer.

Wenn die Akkordstimme vom Lehrer (Klavier oder Gitarre) übernommen wird, ist der Rest recht einfach.

Die Flötenstimme ergänzt die „Xylo"-Stimme, der Ton cis ist leicht zu greifen: wie a ohne Daumen.

30. Samba Palméras

Melodie, Baß und Akkorde sind recht einprägsam, die Melodie ist jedoch rhythmisch nicht ganz einfach. Deshalb empfiehlt sich ein sehr langsames Tempo bei der Einstudierung. Wenn die Lehrkraft präzise vorspielt, ist der Melodierhythmus von den meisten Schülern zu bewältigen, handelt es sich doch um Rhythmik, die in der Popmusik üblich ist.

Empfehlenswert ist folgender Dreierschritt:
Zunächst nur die Tonfolge ohne Rhythmus, dann im vereinfachten Rhythmus üben (ohne vorgezogene „4“, also 3 Achtel, 2 Viertel), zuletzt so, wie es notiert ist.

Die drei Instrumente der Percussion-Sektion spielen Standardrhythmen der brasilianischen „Straßensamba“. Sie sollten bereits bekannt sein aus vorangegangenen Percussion-Stunden. Sambaexperten werden zusätzliche Percussion-Instrumente einsetzen.

Wie es in der brasilianischen „Straßensamba“ üblich ist, sind alle Tempi erlaubt, von ganz langsam bis sehr schnell.

Bitte einsteigen ins Musikmachen!

Eckart Vogel

KinderStundenStücke

Klassenmusizieren für Einsteiger in den Klassen 3 bis 6
120 Seiten, incl. CD · Best.-Nr. **184** · **€ 24,80**

40 einfache Spielstücke für das Musizieren im Klassenverband

Die Stücke sind leicht spielbar, sie werden von „Laien" auf Anhieb bewältigt. Mit ‚Einsteigern' sind aber auch Lehrkräfte gemeint, die wenig Erfahrung mit dem Musizieren im Klassenverband haben. Zahlreiche Tipps und Hilfen von A-Z für Neigungslehrkräfte und ein ausführliches Schlagwortregister runden das Buch ab.

Eine CD mit Einspielungen der Stücke von dankenswerter Länge, ein Sachregister und Vogels Gabe, lesbar, gut verständlich, mitunter sogar unterhaltsam zu schreiben – all das rundet das Bild einer Veröffentlichung ab, die viel mehr ist als eine Sammlung netter Stückchen für SchülerInnen, sondern schon den Charakter einer SCHULE DES KLASSENMUSIZIERENS annimmt. Mit Stücken, die sie bei aller Einfachheit ganz wunderbar klingen. Fazit: eine wichtige Veröffentlichung, die wir unbedingt alle für unsere Arbeit nutzen sollten.
Wolfgang Koperski in „Klassemusik" vom April 2005

Aus dem Inhalt: Novembermorgen · Gleich und gleich · Ist der Teller leer · Zu Hause geblieben · Malzkaffee · Abseits! · Walzer tanzen · Spiel doch los! · Der Fünfer · Mozart am Telefon · Spät zu Bett · Hexenmenü-Swing · Baden gehn · Fünfmal Mallorca · Meine Oma · Heimathafen · Kühlschrank-Swing · Telemann-Blues ·

Eckart Vogel

SwingStundenStücke

Klassenmusizieren im Swing, für die Sekundarstufe I

64 Seiten, Best.-Nr. **183** · **€ 17,80**
dazu **CD 4483** · **€ 16,80**

Alle 40 Musikstücke (mit aufsteigenden Schwierigkeitsgraden) sind so konzipiert, dass sie sich innerhalb von 45 Minuten in der Klasse umsetzen lassen. Die Schüler erleben auch mit geringen Vorkenntnissen das „Swing-Feeling", das Spaß macht und Raum für Improvisation lässt.
Jedes Stück ist eingehend kommentiert sowie mit Hinweisen und Arbeitshilfen für den Unterricht versehen. Hilfreich sind außerdem die enthaltene Improvisationsschule und die Anleitungen zum Musizieren im Swing-Rhythmus.

Tolle Idee, hervorragend gemacht.
Monika Krämer in der „Jazz-Zeitung" vom November 2001

Aus dem Inhalt: Lazy Walk · Evening Swing Waltz · Pachelbel Swing · Life Is Blue · Chromatic Swing · Swing Rumba · One Chord Swing · Give Five · Clave Swing · Zur Notation des „Swing" · Call-and-response-Übungen · Improvisation: 5 Modelle · Hilfe in Problemsituationen

Edgar Borkowski

Spiel dich frei

Zwölf Instrumentalstücke im Folk-Pop-Stil für variable Besetzungen mit Stabinstrumenten, Blockflöte, Gitarre, Bass, Klavier und Schlagwerk

40 Seiten mit Erläuterungen, Best.-Nr. **178** · **€ 9,80**
dazu **CD 4452** · **€ 12,80**

Die vielfach erprobten kleinen Werke dienen der Spielfreude im Klassenverband oder dem Schulorchester. Daher ist jedes Stück so angelegt, dass sowohl leistungsschwächere als auch -stärkere Schüler erfolgreich zum Einsatz kommen. Die vorliegende CD-Einspielung im 2-Kanal-Verfahren gibt die Möglichkeit, die Schüler entweder von der ersten und zweiten Stimme, oder aber von der dritten und vierten Stimme begleiten zu lassen.

Aus dem Inhalt: Vom tiefen Gustav zum hohen Friedrich · Große-Pausen-Walzer · Abschieds-Geflüster · Träume im Dezember · Jogging im Regen · Swinging Lübeck · Fata Morgana

FIDULA 56154 Boppard am Rhein · www.fidula.de
Tel. 06742 2488 · Fax 06742 2661